Lendembe Essie

Sacrifié Trois Fois pour Tout Accomplir

Lendembe Essie

Sacrifié Trois Fois pour Tout Accomplir
Le prix de la Rédemption

Éditions Croix du Salut

Impressum / Mentions légales
Bibliografische Information der Deutschen Nationalbibliothek: Die Deutsche Nationalbibliothek verzeichnet diese Publikation in der Deutschen Nationalbibliografie; detaillierte bibliografische Daten sind im Internet über http://dnb.d-nb.de abrufbar.
Alle in diesem Buch genannten Marken und Produktnamen unterliegen warenzeichen-, marken- oder patentrechtlichem Schutz bzw. sind Warenzeichen oder eingetragene Warenzeichen der jeweiligen Inhaber. Die Wiedergabe von Marken, Produktnamen, Gebrauchsnamen, Handelsnamen, Warenbezeichnungen u.s.w. in diesem Werk berechtigt auch ohne besondere Kennzeichnung nicht zu der Annahme, dass solche Namen im Sinne der Warenzeichen- und Markenschutzgesetzgebung als frei zu betrachten wären und daher von jedermann benutzt werden dürften.

Information bibliographique publiée par la Deutsche Nationalbibliothek: La Deutsche Nationalbibliothek inscrit cette publication à la Deutsche Nationalbibliografie; des données bibliographiques détaillées sont disponibles sur internet à l'adresse http://dnb.d-nb.de.
Toutes marques et noms de produits mentionnés dans ce livre demeurent sous la protection des marques, des marques déposées et des brevets, et sont des marques ou des marques déposées de leurs détenteurs respectifs. L'utilisation des marques, noms de produits, noms communs, noms commerciaux, descriptions de produits, etc, même sans qu'ils soient mentionnés de façon particulière dans ce livre ne signifie en aucune façon que ces noms peuvent être utilisés sans restriction à l'égard de la législation pour la protection des marques et des marques déposées et pourraient donc être utilisés par quiconque.

Coverbild / Photo de couverture: www.ingimage.com

Verlag / Editeur:
Éditions Croix du Salut
ist ein Imprint der / est une marque déposée de
AV Akademikerverlag GmbH & Co. KG
Heinrich-Böcking-Str. 6-8, 66121 Saarbrücken, Deutschland / Allemagne
Email: info@editions-croix.com

Herstellung: siehe letzte Seite /
Impression: voir la dernière page
ISBN: 978-3-8416-9882-7

Copyright / Droit d'auteur © 2013 AV Akademikerverlag GmbH & Co. KG
Alle Rechte vorbehalten. / Tous droits réservés. Saarbrücken 2013

SACRIFIE TROIS FOIS POUR TOUT ACCOMPLIR!
LE SAVIEZ-VOUS?

(Le Prix de la Rédemption)

PAR L'APÔTRE ESSIE LENDEMBE

SACRIFIE TROIS(3) FOIS POUR TOUT ACCOMPLIR !

© Aout 2013 Mission internationale Jésus-Christ Revient Bientôt
Tous droits réservés.

Toute reproduction intégrale ou partielle est interdite sauf autorisation de l'auteur.

Toutes les références sont tirées de la version Louis Second sauf indication contraire.

Eglise Arche du Salut

Benimeld_power@yahoo.fr
Tel : 0024107745049

REMERCIEMENTS

- Au révérend Docteur Crépin Eyoumbou, père dans la foi qui a contribué à ma formation, que le Dieu du ciel vous comble d'avantage.

- Au révérend Soni Kafuta Rock Man de l'Armée de l'Eternel, qui a contribué à ma formation ; que le tout puissant vous en récompense.

- Au complexe JCRB VISION et RAFEV pour leur lutte dans le combat spirituel et l'avancement du Corps de Christ.

- A l'Eglise **Arche du Salut** pour son soutien à la sortie de ce livre d'enseignement et de révélation spirituel, que Dieu vous bénisse.

- A toute ma famille pour leur soutien multiforme à l'avancement de l'œuvre du Seigneur.

- *Aux partenaires que je ne peux citer ici, mais qui ont soutenu la publication de cette richesse chrétienne, que le Seigneur multiplie vos avoirs.*

TABLE DES MATIÈRES

INTRODUCTION..9
TITRE I
LES TROIS SACRIFICES DE NOTRE SEIGNEUR JESUS-CHRIST.............11
CHAPITRE I : LE SACRIFICE DE L'UNITE..13
   1- L'ANIMAL SACRIFIE...13
      a). LA PEAU 14
      b). LA PORTEE SPIRITUELLE DE CET ACTE.......................................15
      b-1. L'ARBRE DE VIE 15
      b-2. L'ARBRE DE LA CONNAISSANCE DU BIEN ET DU MAL.................17
CHAPITRE II : LE SACRIFICE DU TEMOIGNAGE ET DE LA VIE....................21
   1-L'ANIMAL SACRIFIE..22
      a). LE SANG..23
      b). LA PORTEE SPIRITUELLE DE CET ACTE.......................................24
      b.1- LES DEUX(2) POTEAUX..25
      b.2- LE LINTEAU..26
CHAPITRE III : LE SACRIFICE DE LA CROIX OU DE LA RESTAURATION...31
   1- L'ANIMAL SACRIFIE...31
      a). LA CHAIR..32
      b.1- LES CINQ(5) MARQUES DE JESUS CHRIST A LA CROIX..............33
      b.2- LE MYSTERE DE LA COURONNE D'EPINES................................34
TITRE II
LA TRIPTYQUE DE LA GRACE : FRUITS DES TROIS SACRIFICES..........39
   PREMIER SACRIFICE : LE PARDON..39
   DEUXIEME SACRIFICE : LA PROTECTION..41
   LE TROISIEME SACRIFICE : LA RESTAURATION......................................42
POINTS DE PRIERE...47
CONCLUSION..49

INTRODUCTION

Les Chrétiens du monde entier, ainsi que les païens sont restés jusqu'à ce jour, sans comprendre la portée spirituelle de ce que déclara notre Seigneur Jésus-Christ à la Croix : « TOUT EST ACCOMPLI ! » Or, le mot accompli veut également dire achevé, terminé ou encore parfait ! Ce qui revient à dire que l'œuvre du Christ à la Croix avait bel et bien commencé quelque part, pour venir s'achever à la croix.

Depuis la fondation du monde, la Bible nous a enseigné que Dieu est un sage architecte et batisseur. Il a toujours pris son temps, pour mener à la perfection son œuvre. Le terme « accompli », utilisé par Jésus-Christ à la Croix, est le même que Dieu a utilisé au moment de la création de l'homme. Mais avant cela, il y eu le terme « Bon », qui fût cité à cinq(5) reprises par Dieu. Et, à la sixième, ce fut le terme « Très Bon » qui apparut comme pour dire : « c'est fini ». Genèse 1 :10-31

Nous voyons que ce terme vient mettre fin à un travail bien fait. Si donc le sacrifice de la Croix est un travail parfaitement accompli, alors nous pouvons dire et conclure qu'il constitue l'aboutissement d'un processus divin mise en place pour la restauration de l'homme. Le monde a été créé en six jours pour être parfait.

Et pourtant, un seul jour a suffit à Satan, dans le jardin d'Eden pour briser cet équilibre ! Le péché de toute l'humanité pouvait il être effacé en un seul sacrifice ? Pas si sure, car notre Dieu travaille avec les nombres ; rappelez vous, pour sortir du tombeau Jésus-Christ a attendu le troisième jour, pour montrer le mystère de la transfiguration, il emmena trois disciples pour voir moïse Eli et lui-même, pour introduire sa présence au milieu du peuple d'Israël, il offrit un tabernacle tripartite (Parvis, Lieu Saint et Très Saint).

Quand les mages arrivèrent pour bénir l'enfant Jésus, ils apportèrent biens et richesses ayant la marque de l'autorité Divine, symbolisée par trois éléments (l'Or, l'Encens, et la Myrrhe). Il décomposa les douze(12) tribus d'Israël en groupes de trois et les disposa de chaque côté du tabernacle. Enfin, quand il voulu donné un sens à sa grandeur, et à sa renommée, il fonda sa propre Nation, celle qui est assise sur trois(3) fondements :
LE DIEU D'ABRAHAM, D'ISAAC ET DE JACOB (ISRAEL).

Au regard d'une telle précision, on est en droit de se demander si cela relève d'une coïncidence ? Pour ma part Je ne le crois pas. Dans la Bible nous avons des preuves qui démontrent que Jésus-Christ, n'a pas été sacrifié une seule fois pour achever l'œuvre de notre rédemption, mais à plusieurs reprises. C'est également au travers de ces sacrifices, que nous est révélé le véritable sens de la grâce Divine.

Arrêtons-nous un instant sur cette expression « Grace » que nous avons coutume d'utiliser dans le monde chrétien de l'œuvre de la croix et, méditons sur ces origines et sur son sens profond. La Grace comprend plus de sens que nous ne croyons savoir depuis des siècles ! L'apôtre Paul a parlé de la Grace, mais toutefois, sans en développer la profondeur. A moins que ces écrits ne soient pas parvenus jusqu'à nous. Dans ce livre que je considère comme une révélation, Dieu me fait la faveur de cerner les contours de la grâce et d'explorer les profondeurs de cette expression.

TITRE I :

LES TROIS SACRIFICES DE NOTRE SEIGNEUR JESUS-CHRIST

Cher lecteur, je sais qu'il est risqué d'affirmer de telles pensées dans notre domaine. Mais, la foi est aussi la révélation de ce que vous croyez de la pensée de Dieu pour l'homme fait à son image et selon sa ressemblance. Ce livre que je viens vous présenter est le fruit d'un examen approfondi et d'une méditation sérieuse des écritures : *c'est une révélation*.

Tout a commencé dans le jardin d'Eden (délice), après que l'homme fut créé par Dieu. Il jouissait du privilège de sa présence et de la gestion de tout. **Genèse 1 :28** un jour Satan le tentateur, le diable vient au devant de l'homme pour le corrompre. Après cela, l'homme s'est retrouvé nu et rejeter de la présence de Dieu. En transgressant la loi Divine, Adam et Eve venaient de briser une alliance et une nature : la nature de la déité. C'est seulement après avoir désobéi qu'ils comprirent qu'ils venaient d'être trompés par Satan. Ainsi, quand Dieu revint pour leur rencontre habituelle « **Genèse 3 :6-8** » il posa la question à l'homme : « où est tu ? » Une question qui démontre que l'Homme était sorti du cadre de Dieu. Depuis lors, Plus l'homme vie dans le péché, plus il s'éloignera de Dieu, plus la nature animal est visible en lui. Et quand Dieu s'approche enfin de lui, ce dernier avait même déjà une solution à sa nudité : **« celle de se recouvrir de feuilles de figuiers »**, face à un danger ou une situation difficile ; ce ci est la réaction de l'homme face à la faute.

Cher lecteur, cette expression de feuilles de figuiers symbolise la sagesse humaine, les moyens matériels que l'homme utilise pour se couvrir devant un danger, c'est la réaction de l'homme face au péché. Adam et Eve ont cru que ces feuilles pouvaient couvrir leur acte devant Dieu ; mais ils se trompaient, car Dieu est venu par la suite apporter une solution fiable par rapport à la leur.

Dieu va changer le costume de feuilles de figuiers en habits faits de peau d'animal. Là, nous trouvons le premier sacrifice fait par la main de l'Eternel lui-même !

CHAPITRE I : LE SACRIFICE DE L'UNITE

« **Genèse 3 :21** » dit que l'Eternel Dieu fit à Adam et à Eve des habits de peau, et il les en revêtit.

Nous savons tous, chers lecteurs, que l'on ne peut pas faire d'omelette sans casser les œufs ! « **Et il ne peut y avoir d'habits faits de peau d'animal, sans sacrifier une bête** ». Alors, s'il ya un animal sacrifié, il ya le principe du choix qui s'impose. Et, s'il ya un choix, il ya forcement un nom à cet animal, puisque les bêtes portaient déjà chacune un nom donné par Adam.

1- L'ANIMAL SACRIFIE
La Bible ne nous révèle pas au premier sacrifice, de quel animal Dieu s'est-il servit pour habiller l'homme, ni avec quel instrument il l'a fait et quel usage as t-il fait du reste du corps de l'animal, puisqu'un seul élément a été utilisé à savoir : la Peau. Lorsqu'un animal est sacrifié nous avons trois parties : la peau, la carcasse, le sang et les viscères. Nous verrons que chaque élément des trois parties fut utilisé prophétiquement par Dieu. C'est pour une raison très précise que Dieu accepte que son jardin dit de délices, se transforme aussi facilement en abattoir. S'il l'a permis, c'est qu'il ya de très bonne raison à cela.

Ainsi l'œuvre de la rédemption de toute l'humanité va commencer avec cet élément que Dieu pris dans le jardin d'Eden: **la Peau**.

a). **LA PEAU**

Dans ce sacrifice, le nom de la bête choisie est soigneusement tenu caché. Mais nous savons juste que Dieu en a utilise que la peau. Mais pourquoi donc ce mystère ? Tout simplement parce que Dieu est avant tout un mystère, et parce que le péché de l'homme a interrompu sa complicité avec lui.

Désormais, Dieu travaille seul dans le mystère pour la restauration de l'homme et sa rédemption. C'est pour cela également, que notre Seigneur Jésus-Christ, après avoir crié à la croix : « tout est accompli a rendu l'âme» !, que le rideau du temple qui gardait Dieu dans le secret(mystère) s'était déchirer en deux pour rétablir l'Homme dans son alliance de départ et en même temps mettre la connaissance Divine à la portée de tous. **Or Dieu le trois fois saint ne pouvait accepter l'homme dans sa présence avec cette semence de la désobéissance. La Bible dit « tous ceux qui ont péchés sont privés de la gloire de Dieu… ».**

Alors, pour que Dieu ne puisse tuer l'homme, cette créature qu'il chérissait, et pour laquelle il avait un plan précis, il décida de couvrir la faute de l'Homme en y apportant des habits faits de peau d'animal. C'est depuis ce jour, dans le jardin de Dieu, que le principe du mal s'était emparé de l'homme. Tout homme naît désormais avec cette faute dans le sang : Ce qui est appelé péché Adamique. En couvrant l'homme d'habits de peau d'animal, le péché de celui-ci n'était pas effacer mais plutôt couvert. Car en faite, Dieu n'avait pas pardonné cet acte de désobéissance. Et, la colère de l'Eternel se manifesta tout de même par le châtiment qu'infligea à sa créature ce jour là. *« Genèse. 3 :13-19 »*

b). LA PORTEE SPIRITUELLE DE CET ACTE

Dieu, dans son amour contrôle toutes choses qu'il a créées par le principe de « **l'Unité** » ; là où il ya division entre deux êtres, où encore avec Dieu lui-même, il est presque inactif car il respecte le libre arbitre de l'homme. Quand l'homme décide de se séparer de Dieu, il consent mais tout en signifiant ce qui résulterait de cet acte : «*je mets aujourd'hui devant vous la bénédiction et la malédiction : Deutéronome 11 : 26-27»*.

Cher lecteur, lorsque Dieu fit l'habit à l'homme, cela était pour rétablir l'unité qui venait d'être brisée. L'homme était accoutumé à sa présence, mais le péché est venu mettre la séparation avec Dieu. Chaque fois que nous péchons, nous nous éloignons de sa présence qui est pourtant destinée à nous protéger et à nous alimenter de son énergie.

Afin de bien saisir ces faits nous allons d'abords étudiés les deux éléments que Dieu mit dans son jardin : « **l'arbre de vie et l'arbre de la connaissance du bien et du mal** ».

b-1. L'ARBRE DE VIE

En mettant l'homme dans son jardin, Dieu lui a donné la responsabilité de gestion. Il était le gérant des biens de Dieu sur terre, il avait le pouvoir de manger de tous les fruits des arbres, sauf un arbre lui était interdit à la consommation : C'était l'arbre aux fruits de la connaissance du bien et du mal. L'arbre de vie avait pour rôle d'apporter la Vie ou de la favoriser dans le jardin, et dans la vie de celui qui le mangeait. Cet arbre de vie préfigurait Christ qui est le pain de Vie.

Tout Homme sur terre, a besoin de cet arbre de Vie pour faire croitre sa vie intérieure et extérieure. Nous avons souvent tendance à croire que nous sommes indépendants ; mais en réalité, nous dépendant de tout ce que Dieu a déjà fixé d'avance pour notre bien. Et sans les panneaux indicateurs que sont les lois Divine tels que les commandements et autres préceptes, l'existence de l'homme serait voué à l'échec.

Celui qui est en Christ est régulièrement régénéré chaque fois de sa vie chrétienne, par le fait de manger du fruit qui n'est autre que la *« parole de Dieu »*. L'histoire du peuple d'Israël nous montre combien de fois, ils avaient besoin de cet arbre pour espérer vivre dans ce désert brulant ; sans eau, ni nourriture et sans protection. La Bible déclare que l'ange de l'Eternel les conduisait de nuit comme de jour, par la colonne de nuée et de feu. Seul l'Eternel Dieu est aussi bon pour disposer de tels avantages à la portée de tous.

C'est exactement ce qu'il avait fait dans le jardin des délices, afin que l'homme ne se trouve en peine de rien. Cet arbre favorisait la communion entre l'homme et son Dieu créateur.

Cher lecteur, lorsque nous cessons d'appartenir à Christ, par un refus obstiné d'obéir à la parole et de choisir la vie de péché ; l'unité avec Dieu se brise et par conséquent, nous serions objet de manipulations des forces du mal. La seule chose qui est autorisée à la consommation de l'homme pour accroitre sa communion, sa connaissance…reste et demeure la parole de Dieu. Tous ce que l'on peut entreprendre en vue d'atteindre l'élévation spirituelle, ou la connaissance absolue, voir même les richesses et la gloire est vain et représente un danger pour l'homme, et font parti des fruits interdits par Dieu. La connaissance ésotérique ne nous est pas permise par Dieu, car elle nous conduit à la désobéissance. Aujourd'hui comme toujours, Satan et ses agents s'efforcent d'égarer le maximum de personnes loin de la présence de Dieu en promettant de leur facilité la vie par le biais de l'introduction et de l'adhésion à des sectes gnostiques appartenant à Satan :

1. La rose croix,
2. Le yoga et la méditation transcendantale

3. La magie blanche et noire
4. Les pactes et initiations dans le monde des esprits…

Chers lecteurs, sachiez que tous ceux qui pratiquent de telles choses sont manipuler par le diable d'une manière ou d'une autre. Soyez plutôt du côté de Dieu et vous conserverez la vie jusque dans l'au-delà.

b-2. L'ARBRE DE LA CONNAISSANCE DU BIEN ET DU MAL

Dans le jardin d'Eden, là se trouvait un arbre ayant des vertus qui ouvre l'intelligence de l'homme comme le disait le diable, mais qui avait été formellement interdit à la consommation par Dieu. La Bible déclare : *« tout est bon, mais tout n'est pas utile… »,* Une chose peut être agréable à manger, mais ne nous rapporter que des embêtements. Pour ses enfants, le Seigneur a toujours voulu lier l'utile à l'agréable ; ce qui n'est autre que l'accomplissement du plan parfait de Dieu pour chacun de nous.

L'arbre interdit et l'arbre de vie ont été placés dans le jardin à dessein par Dieu lui-même, afin de symboliser les deux formes de Vie : la vie selon la volonté de Dieu (obéissance à la parole de Dieu) ; et la Vie selon la volonté humaine (désobéissance à la parole de Dieu).

Depuis, la rébellion de Lucifer (Satan) au ciel, Dieu trouva bon dans sa souveraineté de laisser le libre arbitre à sa créature terrestre. Raison pour laquelle Dieu en créant le jardin d'Eden avait placé le principe du choix tout en spécifiant les conséquences qui pouvaient résulter du bon ou du mauvais choix de celui-ci.

Chers lecteurs de la parole, lorsque vous choisissez de ne pas marcher selon les lois de Dieu, les conséquences sont le manque de dignité et de tranquillité de cœur. Oui, il vous manquera la paix du Seigneur. Il serait regrettable pour l'Homme de rejeter son créateur *« Esaïe 1 :2-2 : cieux, écoutez ! Terre, prête l'oreille ! Car l'Eternel parle. J'ai nourri et élevé des enfants, mais ils se sont révoltés contre moi ».*

Chaque fois qu'une situation se présente, sachiez que vous avez deux options qui s'offrent à vous:

1. Faire la volonté de Dieu ou
2. Faire votre propre volonté ; qui souvent est stimulé par la semence du mal (péché).

Aujourd'hui, nous voyons et mesurons combien sont lourds de conséquences le poids du choix effectué par l'Homme dans le jardin d'Eden. A cause de cet acte, l'Homme a été chassé du jardin comme un bandit de grand chemin, car il n'était plus digne d'assumer la responsabilité des choses saintes du Seigneur. Mais au sortir de là, la seule chose qu'il lui restait, était l'habit avec lequel Dieu dans son immense bonté venait de le recouvrir, comme en habille un enfant.

En fait, lorsque nous prouvons devant Dieu et les hommes que nous ne sommes pas dignes de la succession des choses saintes, Dieu par conséquent est obligé de nous considérer comme des bébés en nous faisant porté des vêtements. Malgré l'âge d'Adam et sa femme, devant Dieu, ils n'avaient pas la maturité suffisante pour porter la responsabilité des choses de Dieu. Au point, qu'il a même encore fallu leur trouver des habits et les vêtir après leur propre désobéissance. N'est ce pas un enfant que l'on habille et à qui l'on doit tout apprendre ? C'est à cette conclusion qu'en était arrivé notre Dieu : l'Homme est un être immature ; son développement n'étant pas achevé, Dieu se doit de tout lui apprendre de sa naissance, au jour de sa mort.

Ainsi, nous sommes tous devant Dieu comme des enfants.

En fin, nous l'avons déjà dit, pour protéger sa créature, Dieu va sacrifier une bête et ne va prendre que la peau pour recouvrir l'acte de péché, afin qu'il ne soit pas frappé par sa colère.

Cette peau est le symbole de la réunification d'avec Dieu. Il a fallu cela, pour que l'homme ne soit pas perdu à jamais, et qu'il vive malgré son péché devant Dieu.
En réalité, quand l'homme sort du jardin d'Eden, sa vie dépendait de cette couverture. Conscient de cet état, l'homme va commencer à sacrifier des bêtes à chaque fois qu'il voudra être en contact avec le très haut pour être exaucé, ce qui n'était pas nécessaire au départ.

L'homme vivait désormais sous la condamnation et la malédiction du péché car il la porte en lui comme une seconde nature « **Genèse 2 :16-17** ».

C'est cette séparation ou sortie du plan parfait, que Dieu appelle mort spirituelle. Car, celui qui sort de sa présence est déjà mort quoique vivant.

La peau de l'animal garantissait ce que Dieu avait établi de plus cher dans l'homme : *le plan de Dieu*. Nous pouvons comprendre que le péché n'annule pas les desseins de Dieu dans la vie de ceux qui sont appelés à son admirable lumière, mais plutôt les retarde et se fait suivre des conséquences que Dieu se propose lui-même de corriger.
A cause de cette nature, Dieu éprouve désormais systématiquement tous ses appelés à l'image d'Abraham le patriarche, sa descendance et l'église qui furent éprouvé dans la pratique de leur foi. Le succès remporté sur toutes ces épreuves lui valu le surnom de « **Père de la foi** » malgré cette nature Adamique.

Après cela, Dieu décida de sacrifié le même animal pour une seconde fois en utilisant cette fois son « **Sang** » **! Au lieu de sa peau.** Mais dans quel but ce grand architecte nous présente t-il ce plan énigmatique de génération en génération dans l'histoire du peuple Hébreux ? Je peux vous garantir que rien n'est fortuit avec Dieu, toute chose relève de sa providence.

CHAPITRE II : LE SACRIFICE DU TEMOIGNAGE ET DE LA VIE

EXODE 12 :1-14

Pendant que le peuple d'Israël et son prophète Moïse se débattaient pour sortir des liens de la servitude, imposés par pharaon, Dieu va achever les fléaux qui s'abattaient sur la nation Egyptienne par un sacrifice de **Sang**. Cette plaie fut la mort de tous les premiers nés du pays d'Egypte ; à commencer par la maison de Pharaon jusqu'au fils de sa servante, en passant également par le bétail. Ce fut une grande consternation, ce jour là où les nations représentées par ce pays ont été circoncises ; Car Israël avait une alliance de sang avec Dieu. Et, chaque premier né lui était consacré et circoncis le huitième jour après la naissance, mais les nations païennes ne l'étaient pas.

Alors, l'Eternel avant de sortir son peuple agit dans la même occasion on consacrant les nations et le bétail. En effet, Il tua tous les premiers nés des Hommes et des bêtes. C'est aussi par ce moyen là, que les nations de la postérité promise à Abraham rentrèrent dans le plan de Dieu. Dieu dit : **« je te bénirai et je multiplierai ta postérité, comme les étoiles du ciel et comme *le* sable qui est sur le bord de la mer ; et ta postérité possédera la porte de ses ennemis »** Genèse 22 :17. Donc nous avons la postérité « comme les étoiles du ciel », qui est la préfiguration de l'église et une postérité à « l'image du sable sur le bord de la mer », qui représente Israël, nation choisie. Israël est l'olivier naturel sur lequel Dieu greffa les autres nations.

1-L'ANIMAL SACRIFIE

Bien aimés dans la foi, ici le second sacrifice que Dieu a fait, consistait à recueillir le Sang. Il avait demandé à son prophète le sang d'un animal dont il décline le nom cette fois: « **l'agneau** ». Chaque maison ou famille du peuple d'Israël devait donc sacrifier un agneau. Nous voyons dès lors, que l'agneau est l'animal choisi pour accomplir les sacrifices de l'Eternel. Dans le Jardin d'Eden ce fut alors sans crainte de se tromper l'agneau. Dans le jardin d'Eden c'est sa peau qui a été prélevée. Ici c'est son sang que l'on prend pour sauver Israël du joug de l'oppresseur.

Mais, pourquoi la préférence du choix de Dieu c'est elle posé sur cet animal ? C'est parce qu'il est un animal prophétique préfigurant la nature même du fils de l'homme ; celui qui devait venir sauver l'humanité de la condamnation du péché Adamique. l'agneau est doux de caractère, c'est encore lui que jean a reçus dans la vision de l'ile de Patmos « **Apocalypse 5 :3-6** ». Cet agneau qui devait avoir des critères suivants :

- **Etre Sans tâche ni défaut**
- **Un an d'âge**
- **De sexe masculin** « *exode 12 :5* ».

Ces critères traduisent la pureté de l'animal ou du sacrifice à offrir à Dieu. Le caractère singulier (unique), et son gène dominant sont symboliques. L'animal ne devait avoir qu'une seule coloration symbolisant la pureté des gamètes ayant concouru à sa formation. Cela sous entendait également qu'en ne devaient jamais sacrifier d'animaux hybrides.

Ensuite, l'animal ne devait pas présenter de défauts corporels ce qui serait signe d'imperfection. Dieu étant parfait, exige la perfection dans tout ce que l'Homme accompli en son Nom. L'image de cet agneau est celle du Christ, celui qui devait venir dans toute sa perfection. Voila pourquoi il refuse les offrandes qui ne donnent pas gloire à sa grandeur : « **Malachie 1 :7-8 Vous offrez sur mon autel des aliments impurs, et vous dites ; en quoi t'avons-nous profané ? C'est en disant : la table de l'Eternel est méprisable ! Quand vous offrez en sacrifice une bête aveugle, n'est-ce pas mal ? Quand vous offrez une boiteuse ou infirme, n'est ce pas mal ? Offre-la donc à ton gouverneur ! Te recevra-t-il bien, te fera-t-il bon accueil ? »**.

Et pourtant malgré la perfection de cet animal, Dieu ne va utiliser que son Sang !

a). LE SANG

Le Sang symbolise la vie, par opposition à la mort. Après que Dieu a utilisé la peau pour couvrir le péché de l'homme au premier sacrifice, au second, il ne va utiliser que le sang de l'animal pour que cela soit appliquer sur des poteaux et linteaux de chaque maison des enfants d'Israël. Cela, pour les protéger de la mort, et témoigner aux yeux de tous, sa puissance glorieuse. L'Eternel prouve ainsi qu'il détient le dernier mot sur la délivrance de ceux qu'il a choisis d'avance.

Chacun d'entre nous a subi son lot de souffrances (maladies et autres situations de combat) à l'image du peuple d'Israël en pays d'Egypte. Mais, le Seigneur est notre délivrance, et quand il se lèvera, la mort passera du côté de nos ennemis.

Tandis que Dieu s'appretait à exterminer tous les premiers nés d'Egypte d'un coté, de l'autre, il assurait également la protection du peuple élu, dont il était le fondateur. Le sort des égyptiens était scellé, car échapper à la colère de Dieu est une question de grâce et non de mérite. Ce qui revient à dire chers lecteurs que le peuple d'Israël n'était pas différent de cette nation païenne !

Car, sans ce sacrifice de sang, il y aurait eu des morts en quantité dans les deux camps ! Et pourtant le peuple d'Israel était conduit par Dieu ! Mais, alors pourquoi ?

En réalité, ce geste montre combien ce peuple croulait sous les effets de la malédiction du péché ; ce malgré les principes et lois morales qui régissaient la vie de communauté ; mais La colère de celui-ci était grande et pouvait les détruire ou les consumer par le feu à n'importe quel moment de leur marche vers le chemin de la liberté. Raison pour laquelle, dans le désert Dieu n'hésitait pas à frapper son peuple par la mort, à la moindre faute et transgression.

Nous savons que le péché conduit à la mort, Or celui qui a la mort (pêcheur) n'a pas la vie de Dieu en lui.

L'homme éyant été recouvert de peau dans le jardin d'Eden, ne portait plus la vie de Dieu. Il fallait que ce qui représentait la Vie soit utilisé pour ramener la vie qu'il avait perdue dans le peché de désobeissance.

« Mes chers lecteurs, je vous pose la question, pourquoi appliquer un élément censé protéger et donner la vie, sur des portes et linteaux *de* maisons, au lieu d'être appliqué directement sur les hommes ou encore sur les premiers nés d'Israël? ».

b). **LA PORTEE SPIRITUELLE DE CET ACTE**

Dieu fait Chaque chose bonne en son temps ; il est omniscient. Toute chose et toute circonstance qu'il permet dans notre parcours, a une justification, une valeur prophétique qui influencera notre vie, à un moment ou à un autre, quel que soit le domaine (Education, orientation professionnelle, vie sociale, etc.)

b.1- LES DEUX(2) POTEAUX

Dans « **Exode 12 :7** », Dieu demande à son peuple, de prendre le sang de l'animal sacrifié et de l'appliquer sur les deux poteaux de l'entrée principale de chaque maison. En fait, les deux poteaux donnent accès à ce qui se trouve à l'intérieur de la maison. Dieu étant le gardien de la maison d'Israël, il se doit d'assurer la sécurité de sa nation lorsque la mort et la malédiction s'en approche. Les poteaux permettent d'entrer et de sortir d'une maison. Les **deux poteaux** sont deux révélations sur **les deux colonnes** qui se tiennent devant le seigneur de la terre. Ce sont les piliers qui soutiennent notre foi et les fondements de la vie chrétienne. Les grands enseignements dont nous disposons en matière de foi, nous viennent de Moise et d'Elie.

Ces deux colonnes ont une grande importance devant Dieu. Le Seigneur Jésus s'est appuyé sur ses enseignements lorsqu'il a voulu montrer sa véritable nature Divine à ses serviteurs. Il permet que Moise et Elie apparaissent à ses côtés. Ce sont les deux poteaux de la révélation que Dieu a voulu laisser en souvenir à Israel. Pour entrer dans la révélation et recevoir la protection divine il faut passer par ces deux portes ! Sans cette étape la vie chrétienne n'a pas de force.

Moise représente la loi et les principes ; la justice de Dieu. Car en réalité, la force de Dieu réside dans sa loi. Tout ce qu'il fait est l'œuvre de sa loi ; il est l'auteur de la législation hébraïque. Et Elie est l'image de la grâce ou du retour vers l'Eternel. Il avait reçu la mission de ramener les cœurs des enfants à leur père et du père aux enfants. C'est le retour à l'alliance, l'image du Pardon, du Rachat, du Rétablissement de toutes choses et de l'Accomplissement.

En vérité, Elie nous parle de la **grâce Divine**.

Il est celui qui vient apporter les certitudes et ôter la peur. Il vient rétablir la vérité Divine. Comme sur le Mont Carmel, l'hôtel de Dieu a été rétabli. Ainsi, Christ est cet hôtel batti sur la croix afin de rétablir toute connexion avec le père. **Donc, ces deux poteaux ne sont que la loi et le témoignage. Et, Christ est le lien ou le mariage de la loi avec la grâce.** Car la loi est sans force si elle n'as pas de pardon. Aussi, la grâce ne sert à rien si Dieu ne peut juger le mal de son peuple. Christ vient établir un lien indéfectible entre la loi et le témoignage. En effet, il n'est pas possible de séparer la loi et la grâce, les deux sont indissociables. **Christ est le lien entre Moise et Elie à la montagne de la transfiguration.**

Dieu ne pouvait ordonner de badigeonner du sang sur un seul poteau, mais absolument sur les deux poteaux. Ceci est une representation des choses celestes ! Mais, pourquoi Dieu a-t-il voulu de cette représentation? Que représentent Les trois éléments ? C'est ce que nous allons comprendre.

Pour que ces deux poteaux aient une valeur prophétique, il fallut ajouter à cet ensemble une pièce capitale appelée « **le linteau** ».

b.2- LE LINTEAU

Le linteau est la pièce du milieu, la traverse qui joint les deux poteaux d'une porte de maison, il est horizontale reportant sur les poteaux la charge de la partie supérieure; sans cela, la porte n'est pas complète. Il fallait mettre du Sang sur les trois(3) pièces qui forment la porte d'entrée d'une maison.

Ce symbole exigé par Dieu était la préfiguration de Christ, qui est la porte du ciel par laquelle nous sommes tous appelés à passer pour conserver la vie. Jésus-Christ est la porte du ciel. Nous devenons un peuple différent des autres, à partir du moment où nous Passons la Porte. Tant que vous n'avez pas traversé cette porte, ne croyez pas avoir trouvé la vie. Même si vous êtes vivant, pour Dieu vous êtes considérés comme morts et privés de sa gloire.

L'Eternel, sachant très bien ce qui allait se produire dans cette nation, avertit son peuple afin que celui-ci ne subisse pas la même consternation que les autres. Lorsque vous n'êtes pas en Christ, vous ne pouvez échapper à la colère de Dieu face au péché. La Bible dit : « **que tous ceux qui ont péché sont privés de la gloire de Dieu** », donc il n'ya de véritable protection qu'en Dieu lorsque nous acceptons véritablement de passer par cette porte qui est jésus.

Jésus déclara encore : **jean 10 :7-9 « En vérité, en vérité, je vous le dis, je suis la porte des brebis. Si quelqu'un entre par moi, il sera sauvé ; il entrera et il sortira, et il trouvera des pâturages ».**

Le salut de Dieu passe par ce principe de porte, qui nous conduit au ciel. L'expression biblique disant : **qu'il entrera et sortira** caractérise la liberté et la paix qu'il ya en acceptant le messie dans notre vie comme Seigneur et sauveur.

En somme, la forme de la porte se manifeste lorsque nous avons la pièce du milieu (le linteau).

Chers lecteurs de la parole, j'ai coutume d'appeler Jésus ; « **l'homme du Milieu** » ; celui qui est au centre de notre vie, qui donne un sens et une valeur de notre existence. Sans lui, agissant dans votre vie, vous devez comprendre que la vie est vouée à l'échec ! C'est encore en lui que nous avons la forme.

Il fut l'arbre du milieu dans le jardin d'Eden pour apporter l'équilibre, il est l'ange de l'Eternel qui est apparu à Moïse dans le buisson ardent **(exode 3 :1-3)** ; c'est aussi lui qui a secouru Chadrac, Meschack et Abed nego au milieu de la fournaise ardente devant leurs ennemis. Enfin, il est l'homme du milieu des deux(2) brigands à la croix de Golgotha pour changer à jamais l'histoire des hommes « **Jean 19 :17-18** ».

Alors, nous pouvons comprendre que l'application du Sang sur les trois(3) pièces n'était pas fortuite ; cela plutôt à été fait à dessein. Ceci est un enseignement important au peuple du Seigneur. Lorsque vous traverserez la vallée de l'ombre de la mort dans votre vie, il sera la porte de sortie, le secours qui ne manquera pas au temps de la détresse. La porte a deux (2) mouvements : « **l'entrée** » et la « **sortie** » mais aussi **Ouvrir et Fermer**.

Dieu est celui qui a introduit le peuple d'Israël dans le pays d'Egypte afin de le préparer à une gloire ; celle de porter son nom de génération en génération dignement. La préparation auprès de Dieu revet une grande valeur pour l'accomplissement de ses promesses dans notre vie. Puis, il les avait ensuite sortis de l'esclavage pour les mener à la terre promise. **Il est la porte d'entrée du tabernacle pour le lieu Saint et la porte de sortie dans le lieu très saint qui est le ciel.**

Enfin, il est la porte qui s'est ouverte au lieu du crane (Golgotha) pour le salut de toute l'humanité. Nous faisant passer de la mort à la vie spirituelle et de la condamnation à la délivrance. Ce qui revient à dire qu'en plaçant cette porte au milieu de son peuple en Egypte, Dieu le faisait échapper à la mort qui devait frapper cette nation et lui offrait une vie de protection à ses côtés.

Chers lecteurs en Christ, il vous a déjà fait traverser la mer rouge, la malédiction de votre famille, toutes vos difficultés ont été affranchies par lui à la croix, la maladie et l'esclavage abolis ce jour là. Vous n'avez plus raison d'avoir peur de ce que vous vivez, affronter le car la victoire est en vous. Le sacrifice de Dieu en Egypte rend témoignage devant les païens que nous lui appartenons et à personne d'autre.

Bien aimés dans le Seigneur, seul Dieu a le pouvoir de conserver la vie au milieu des combats et des zones de turbulences ; sinon tous ceux qui étaient mordus par les serpents dans le désert seraient morts. Je vous exhorte donc à accepter Jésus-Christ dans votre vie car il a donné son Sang pour que vous soyez protégés et sauvés.

CHAPITRE III : LE SACRIFICE DE LA CROIX OU DE LA RESTAURATION

« Esaïe 53 :10 »

Du jardin d'Eden à la croix du Christ, le pouvoir du péché agissait encore pleinement dans la vie de l'homme, car la semence maléfique introduite dans la vie de l'homme n'avait jamais été extirpée.

C'est à la croix que Dieu, par notre Seigneur Jésus-Christ a accompli le dernier sacrifice pour restaurer l'homme, du péché Adamique et, offrir à l'humanité le don gratuit de Dieu pour le Salut de quiconque croit en lui. Ce sacrifice vient parachever tout le travail que Dieu avait déjà commencé à faire, en vue de notre rédemption.

1- L'ANIMAL SACRIFIE
(Colossiens 1 :21-23)

L'animal que Dieu va sacrifier prend cette fois la forme de l'homme. Issu de son trône, venu sur terre revêtu de toute la plénitude de la Divinité; sans péché ni tâche, mais pourtant sacrifié tel un agneau pour expier le châtiment de nos iniquités. Et par lui, nous avons reçu la Paix.

Examinons ensemble ce qui fait la spécificité de ce sacrifice :

- Il est le Fils unique venu de Dieu,
- Sans péché, il a été offert comme rançon pour le péché de l'homme,
- Le caractère Divin de son sacrifice,
- Le caractère unique pour la vie Eternelle « **Jean 3 :16** ».

Ce qui est étonnant dans ce sacrifice est que, Dieu n'a utilisé qu'un seul élément ; celui là même qui n'avait pas encore été utilisé : « **La Chair de notre Seigneur** ». A la Croix, Jésus remit son esprit entre les mains de son Père. Le Sang et L'eau étaient sortis de son côté, qui était percé. Donc la seule chose qui restait sur le bois maudit du calvaire était sa Chair. Mais pourquoi, s'interroge t-on ?

a). LA CHAIR

Elle symbolise la faiblesse de l'homme, l'état de péché, les sentiments... « **Marc 14 :38-39** ».

Après que Dieu a utilisé premièrement, la peau de l'agneau dans le Jardin d'Eden ; secundo, le Sang de l'agneau dans le pays d'Egypte ; tertio, il utilisa enfin la Chair du Fils de l'homme symbole ici de l'agneau de Dieu, venu au monde chargé d'une mission particulière, oter le péché du monde et lui apporter la vie éternelle à la Croix du Calvaire à Golgotha, Jérusalem. Il a fallu ce dernier élément pour rétablir l'homme dans son état originel. L'homme étant tridimensionnel, il fallait que le péché de celui ci soit expié sur les trois plans: **Corps Ame et Esprit**. L'expiation de sa chair a nécéssité cinq(5) blessures : deux(2) au niveau des membres postérieurs, deux(2) autres au niveau des membres antérieurs et une(1) au niveau des côtes.

b). LA PORTEE SPIRITUELLE DE CET ACTE

La présence de notre Seigneur à la croix symbolise l'arrêt de la condamnation du péché et l'introduction dans l'ère de la grâce, pour le salut des hommes. Les trois parties de sa personne ont été sacrifiées pour restaurer l'homme à jamais dans son amour avec Dieu.

Le lien de départ, le parfait équilibre que le diable avait brisé a été retrouvé. Raison pour laquelle, le voile du temple se déchira en deux à sa mort, laissant ainsi accès libre à nouveau, aux choses de Dieu, à toutes personnes par Jésus Christ, l'agneau rédempteur, comme au commencement. C'est ce jour là également, que Dieu avait rétabli l'identité de l'homme déchu fait à son image et à sa ressemblance.

b.1- LES CINQ(5) MARQUES DE JESUS CHRIST A LA CROIX

Mais pourquoi avait-il fallu cinq(5) meurtrissures ? Le fils de l'homme exigeait-il tant de marques ? Je ne doute pas un instant que ce nombre ait un sens pour Dieu.

Les cinq(5) marques sont le signe prophétique de la grâce, la préfiguration ou l'ombre des choses à venir. C'est aussi le symbole des cinq(5) pierres polies de David qui renverserent le géant Goliath. Enfin, ce sont les cinq(5) ministères post-ascension : « **Ephésiens 4 :11** ». Le combat de David et Goliath le géant est une préfiguration du combat spirituel entre les forces du mal et Dieu. C'est-à-dire, ceux qui craignent le Seigneur, contre ceux qui fléchissent les genoux devant baal et ses prophètes. Mais nous savons qu'une seule pierre a suffit pour renverser le géant. Ce qui revient à dire que peut importe la puissance du Diable, chaque ministère est suffisamment équiper pour détruire toute la puissance de l'ennemi.

EXPLICATIONS :
1. **LES DEUX MEMBRES AVANT SONT LE MINISTERE APOSTOLIQUE ET PROPHETIQUE ;**
2. **LES DEUX PIEDS SONT LE MINISTERE EVANGELIQUE ET DOCTORAL ;**
3. **ENFIN, LA BLESSURE DES CÔTES SYMBOLISE LE MINISTERE PASTORAL** (c'est celui qui connaît la douleur réel de la mort, c'est aussi là que l'eau et le sang était sortie du Corps de notre messie).

Chers lecteurs autravers des écritures, je viens de recevoir cette révélation que je vous transmets maintenant: de la même manière Dieu plongea Adam dans un profond sommeil, pour créer la Femme, de même a t-il fallu que le fils de l'homme mourut Comme Adam sur la croix dans un sommeil profond afin que de ses côtes sortent l'eau et le sang qui sont le symbole et l'image de l'Eglise. Celle qui doit assurer la continuité de sa mission sur terre. Car il est le chef de l'église, l'époux même de cet ensemble.

b.2- LE MYSTERE DE LA COURONNE D'EPINES

Lorsque notre Seigneur fut emmené devant Ponce Pilate, il y avait des accusations portées contre sa personne telles : **qu'il est le fils de Dieu, ou encore le roi des juifs…**

Mais, pendant que l'on préparait sa crucifixion, les soldats romains prirent une tunique de couleur rouge cramoisie ; symbole de la royauté, et ont revêti Jesus avec avant de l'affubler d'une couronne d'épines. Pour ceux qui le faisaient, cela ressemblait à une humiliation. Mais devant Dieu, cela porte une très grande signification sur les choses à venir. Jésus-Christ notre seigneur a enduré une souffrance comme roi sur la terre. Cela a été le prix à payer pour mériter sa royauté avec dignité devant les hommes et devant Dieu. Jacob le patriarche avait également payé le même prix pour mériter la gouvernance des douze tribus d'Israël. Hors, notre Seigneur est le Jacob par excellence, car il a mené le combat avec les hommes et avec Dieu en mourant au bois du calvaire.

Cette couronne est la marque de la royauté dont la Bible parle, afin de régner 1000 ans.

En faisant ce geste, le monde venait par là, reconnaître définitivement qu'il était bel et bien Roi. « **Lorsque vous insulté quelqu'un de l'accusation qui fait sa condamnation, vous acceptez par là qu'il est effectivement un voleur** ». Nous avons accepté cela avant même qu'il ne porte son manteau de royauté et qu'il règne. Alors vous n'avez plus un autre chef à placer au dessus de son autorité de roi. Et si vous le niez, vous ferrez de la Bible un menteur, ce qui est un blasphème contre Dieu. Cela mérite la mort. Voila pourquoi, tous ceux qui refusent le sacrifice de Jésus à la Croix sont d'office jugés et candidats potentiels pour l'enfer.

En conclusion, lorsque le Seigneur a compris que rien ne pouvait plus empêcher la restauration de l'homme dans son identité originele ; il dit à la croix : « **TOUT EST ACCOMPLI !** ». Ce terme vient marquer la fin d'un travail laborieux effectué par Dieu pour cautoriser telle une plaie, le désordre causé par Satan dans le jardin d'Eden.

Voila pourquoi, durant toute la marche du peuple hébreux, ils ont été obligés de faire de grands sacrifices dans le but d'être pardonné de leurs péché, et être assistés de Dieu.

Mais aujourd'hui les trois sacrifices accomplis, nous ont rétablis automatiquement dans son plan parfait, dans son jardin de délices. De ce fait, il n'ya plus d'effort à fournir ni de sacrifice à faire pour être pardonné, si ce n'est « **l'obéissance à ses principes** » comme au commencement: « **NE PAS TOUCHEZ A L'ARBRE INTERDIT** » cet arbre aujourd'hui est l'alliance que peux faire tout homme avec les forces du mal ou Satan. L'arbre interdit, c'est aussi l'adoration d'un autre Dieu que l'arbre de vie qui est Jésus-Christ. L'apôtre Paul dit qu'il n'y a donc maintenant aucune condamnation pour ceux qui sont en Jésus-Christ **(Rom 8 :1).**

Tous ceux qui, aujourd'hui subissent des rituels de torture à l'image de la crucifixion du Christ, pour remplacer ou assister Christ dans ses douleurs ou encore avec l'intention de se faire pardonner de leurs péchés, le font en vain. La bible dit : maudit soit quiconque est pendu au bois. Donc, lorsque le chrétien chaque fois soulève un gros bois ou autre forme d'objet pour en faire un instrument de torture ou imité la souffrance de Christ, met sur lui la malédiction que le Seigneur avait déjà portée. La mort par crucifixion était synonyme de malédiction, et Christ l'a fait à notre place ; par conséquent nous n'avons plus le droit de remettre cela sur nous.

Vivez à présent dans son plan divin, et réjouissez-vous de ce qu'il a fait pour vous à cette croix. Le Salut represente le plus beau cadeau du ciel que Dieu a donné à l'homme.

PRIERE DE RECONNAISSANCE A DIEU

Mon Seigneur Jésus-Christ, je viens reconnaître l'acte accompli à la croix de Golgotha comme étant une œuvre parfaite de Dieu pour sauver l'humanité ; et je te remercie. Merci pour cet enseignement qui me fait comprendre et réaliser l'importance non négligeable de la dure épreuve que tu as enduré pour que je sois sauvé à ce jour d'aujourd'hui.

Ta peau, ton Sang et ta Chair, ont été sacrifiés pour mon salut et mon rétablissement dans la gloire de la seconde maison. Je ne peux ignorer un tel cadeau du ciel destiné aux hommes. Merci encore…

Que l'œuvre rédemptrice que tu as accomplie à la croix soit à jamais manifestée dans ma vie et que je sois rétabli dans ton jardin pour contempler ta présence, chaque jour de ma vie sur terre et cela jusqu'à l'éternité.

Que toutes les bonnes grâces que j'avais perdu pour avoir méconnu ou ignorer ces sacrifices, me reviennent au Nom du Seigneur Jésus-Christ.
Merci de rétablir l'unité, la vie et le salut en moi, merci infiniment à mon Dieu de toutes ces actions. **Amen**

TITRE II : LA TRIPTYQUE DE LA GRACE : FRUITS DES TROIS SACRIFICES

Chers frères et sœurs dans la foi, dans la seconde partie de ce livre je viens selon la révélation qui m'a été faite, vous présenter un enseignement qui nous donnera à tous un sens réel du concept de la *grâce,* venue par le ministère de notre Seigneur Jésus-Christ. Elle est souvent comprise simplement, comme étant une faveur de Dieu, acquise par le biais du sacrifice à la croix. Mais, nous devons comprendre que cela était plus qu'une simple faveur de Dieu. Ce cadeau à toute l'humanité couta un lourd tribu : la vie de son fils !

Les trois sacrifices présentent des éléments qui donnent un sens à tout cela ; la valeur de l'œuvre que Christ a faite à la croix.

PREMIER SACRIFICE : LE PARDON

Dans le jardin d'Eden, après la désobéissance de l'homme, il prit les feuilles de figuiers pour couvrir la nudité de son acte devant Dieu. C'est à ce moment là, que Dieu va lui confectionner des habits en peau d'animal pour le couvrir. Pour quelle raison?

Le principe dit que le salaire du péché est la mort, et le raisonnement ou les moyens naturels de la main de l'homme ne pouvaient en aucun cas épargner celui-ci de la colère de Dieu. Ainsi, pour que l'homme ne soit pas frappé de mort, il fallut un sacrifice. Et le pardon lui fut accordé par cet habit que l'homme reçu de Dieu pour se couvrir.

Ce geste ne détruisait pas la nature du péché en lui. Cela permettait simplement à l'homme de continuer de s'adresser à son créateur malgré son acte.

Le pardon est un élément essentiel de la grâce. Nous avons tous été pardonnés par Dieu, malgré le péché et l'état de nos cœurs avant même notre conversion.

De la même manière que Dieu avait accepté de pardonner à l'homme, dans le jardin d'Eden ; de la même manière, nous avons reçu le pardon par cet acte et non par la rédemption de nos péchés à la croix. Votre état naturel de pécheur a été déjà couvert par Dieu et, brisé par l'acte final à la croix du calvaire. Il y a cependant des êtres sur cette terre qui pensent encore que Dieu ne peut les absoudre des nombreux crimes commis au cour de leur existence. Mais, je viens leur dire que la bonté de Dieu n'a pas de limites. Laissez vous simplement conduire par sa main et votre vie sera renouvelée du jour au lendemain.

Le péché existe. Nous le commettons chaque jour que Dieu fait sur cette terre. Mais, en Christ-Jésus, nous avons le pouvoir de dominer sur la puissance du péché, car celui qui est en nous est plus grand que celui qui est dans le monde.

En un sens, c'est donc volontairement que vous demeurez dans le péché, car le pouvoir ou la puissance qui existait dans le principe du mal a été cloué à la croix du calvaire. Vous devez refuser que le diable manipule vos pensées et de faire de vous un Homme vulgaire.

Chers lecteurs, le pardon de Dieu pour nos péchés, ne vient pas seulement à partir de l'acte de la croix mais, il remonte déjà dans le jardin ; quand Dieu avait accepté de pardonner à l'Homme. Et, s'il l'a fait pour nous, nous devons aussi être capables de le rendre à nos parents, frères, sœurs amis et connaissances dans la foi, afin d'être en parfaite harmonie avec l'ordre divin.

Le pardon de Dieu pour l'homme, a coûté la vie à son Fils unique, à trois reprises. Chaque chrétien doit réaliser ce que Dieu a fait dans son plan d'amour pour le restaurer, sinon, nous perdons nos forces et nos bénédictions ; car c'est de là, que réside notre Salut.

> **LA GRACE = PARDON**

DEUXIEME SACRIFICE : LA PROTECTION

(Exode 12 :1-12)
L'histoire du peuple d'Israël en Egypte, nous montre qu'au dixième fléau, Dieu ordonna qu'il y'ait un sacrifice exceptionnel : **LE SANG D'UN AGNEAU**. Le Sang devait uniquement être appliqué sur les portes des maisons des enfants d'Israël, dans la cité de **Goshen,** pour servir de signe ; afin que l'Ange de la Mort, en passant, remarque le Sang et ne les frappe pas de la malédiction. Ce Sang devait leur éviter de subir le même sort que celui des égyptiens ;

Il est l'image de la vie de Dieu versée pour servir de protection au peuple de Dieu. Dans ce sacrifice, nous avons la protection Divine. Lorsque Dieu accepte de nous pardonner, il garantit notre vie, cela, malgré ce que nous sommes (ingratitude, scepticisme, inconstance…).

Dés lors que vous appartenez au Seigneur, vous avez droit à cette protection gratuite; car c'est le fruit de l'amour de Dieu à notre égard. Jésus-Christ s'est sacrifié pour nous assurer la protection, de la colère de Dieu, des forces du mal introduites dans nos familles et du système de ce monde.

En effet, la chute de l'homme dans le jardin d'Eden, nous a dépourvus de toute protection devant nos ennemis. Alors, pour que nous ne soyons à leur merci, Dieu décida de sacrifier le Sang de son fils afin de nous protéger.

Ce qui revient à dire, qu'en dehors du **Pardon**, la **Grace** recouvre également un second élément : **la Protection**. L'Eternel ne peut pas vous pardonner sans vous protéger de tous dangers susceptibles de vous éliminer. Quoiqu'il arrive dans votre vie d'enfant de Dieu, sachiez que vous êtes protégé par une main invisible, contre les fléaux de ce monde et contre vos adversaires. Nous pouvons certes ressentir des persécutions de la part de nos ennemis, mais nous en sortirons toujours vainqueurs ! Alors, la Grâce est aussi égale à la Protection :

$$\text{LA GRACE = PARDON + PROTECTION}$$

LE TROISIEME SACRIFICE : LA RESTAURATION

(Jean 19 :17-19)
Ce qui ressort du troisième sacrifice accompli par notre Seigneur Jésus-Christ est la **Restauration**. Christ nous a sauvé, non seulement pour pardonner et effacer nos péchés, mais aussi pour nous restaurer et nous ramener à l'état originel; c'est-à-dire au retour à l'identité première de l'Homme, fait à l'image de Dieu et à sa ressemblance.

L'une des grandes responsabilités que notre Seigneur est venu accomplir sur la terre se trouve inscrite dans le livre de **Luc 4 :18-21** « **l'Esprit du Seigneur est sur moi, parce qu'il m'a oint pour annoncer une bonne nouvelle aux pauvres ;il m'a envoyé pour guérir ceux qui ont le cœur brisé, pour proclamer aux captifs la délivrance, et aux aveugles le recouvrement de la vue, pour renvoyer libres les** opprimés, pour publier une année de grâce du Seigneur ». Dans ce passage nous voyons comment il est venu accomplir le travail de la restauration de tout ce que le diable avait détruit à l'origine. La désobéissance encore appelée : **péché Adamique** a eu un impact considérable et négatif sur la nature de l'Homme ; affectant ainsi, plusieurs générations jusqu'à nos jours. Au regard des dommages considérables causés, le processus de rédemption menant au rétablissement ne pouvait que durer.

Lorsque nous examinons les écritures, on constate que l'œuvre de Christ à la Croix encore appelée le Salut est fondée sur trois éléments. Ainsi, je conclus cette formule triptyque de la Grâce :

$$\text{LA GRACE} = \text{PARDON} + \text{PROTECTION} + \text{RESTAURATION}$$

Mais pourquoi cette formule triptyque ?

Dans la Bible, nous avons trois passages, ou trois éléments, ou encore trois histoires qui viennent confirmer cet enseignement tridimensionnel de la Grâce :

(1)- Exode 33 : 17-23 ;   (2)- Luc 7 : 36-39 ;   et   (3)- Marc 5 : 25-34

Dans ces trois passages, vous avez un mot qui revient à chaque fois : **Par derrière**. S'agit-il d'une simple coïncidence ou d'une révélation cachée ? La bible dit « **c'est la gloire de Dieu de cacher les secrets et c'est la gloire des rois de les révéler** ». Dieu nous a donné la sagesse et l'intelligence de révéler les mystères cachés de ses écritures.

Dans le livre d'Exode, Moïse cherche à voir Dieu et celui-ci lui fait comprendre que nul ne peut le voir et rester en vie, si ce n'est par une disposition expresse de lui-même : passer par l'intermédiaire du **Rocher** c'est-à-dire **Jésus-Christ**. Finalement, il n'a pu voir Dieu que par derrière, tout en étant dans le creux du rocher

« Exode 33 :17-23, L'Eternel dit à Moise : je ferai ce que tu me demandes, car tu as trouvé grâce à mes yeux, et je te connais par ton nom. Moise dit : Fais-moi voir ta gloire ! L'Eternel répondit : je ferai passer devant toi toute ma bonté, et je proclamerai devant toi le nom de l'Eternel ; je fais grâce à qui je vais grâce, et miséricorde à qui je fais miséricorde. L'Eternel dit : tu ne pourras pas voir ma face, car l'homme ne peut me voir et vivre. L'Eternel dit : Voici un lieu près de moi ; tu te tiendras sur ce rocher. Quand ma gloire passera, je te mettrai dans un creux du rocher, et je te couvrirai de ma main jusqu'à ce que j'aie passé. Et, lorsque je retournerai ma main, tu me verras par derrière, mais ma face ne pourras pas être vue ».

Nous voyons comment dans ce passage, Dieu fait grâce à un être de chair et de sang par une disposition expresse de son autorité, afin que celui-ci entre dans sa présence. Le seul endroit disponible de la faveur Divine est le Rocher qui symbolise **Christ**. Dans ce passage de Dieu à Moise, il est décrit une grâce qui protège du danger. Dieu a protégé son serviteur de la mort en le plaçant en **jésus** : « **c'est la Protection** ».

Dans **Luc 7 :37-39** il s'agit **du Pardon** de la femme pécheresse « **et voici une femme pécheresse qui se trouvait dans la ville, ayant su qu'il était à table dans la maison du pharisien, apporta un vase d'albâtre plein de parfum, et se tint** derrière, **aux pieds de jésus. Elle pleurait ; et bientôt elle les mouilla de ses larmes, puis les essuya avec ses cheveux, les baisa, et les oignit de parfum** ».

Ici, nous avons le même fait qui revient « **être derrière** ». Comment cette femme vient-elle demander le pardon de ses péchés en se plaçant derrière la personne à qui l'on s'adresse ? Oui, C'est parce que Christ incarnait Dieu sur terre, qu'elle ne pouvait que se placer derrière, pour ne pas mourir. Cette femme avait besoin du pardon de ses péchés et Dieu le lui accorda, à cause de son amour. Dans la grâce, Dieu pardonne vos péchés, malgré ce que vous êtes. L'objectif pour lui est de faire de nous, ses adorateurs à sa gloire.

Dans le livre de **Marc 5 : 26-34 « Elle avait beaucoup souffert entre les mains de plusieurs médecins, elle avait dépensé tout ce qu'elle possédait, et elle n'avait éprouvé aucun soulagement, mais était allée plutôt en empirant. Ayant entendu parler de Jésus, elle vint dans la foule, et toucha son vêtement <u>par derrière</u> »** ; ce texte révèle ici : **la Restauration**. L'état de santé d'une personne qui cherchait sa délivrance depuis douze années de souffrance ! L'Eternel ne peut pas vous sauver et oublier de restaurer votre corps physique.

Il est celui qui guérit le corps, l'âme et l'esprit. C'est pour cette raison que son œuvre à la croix est une action parfaite de la volonté de Dieu. Jésus Christ à la croix du calvaire a accompli les trois dimensions de l'être humain : Corps-Ame et Esprit. Dans le jardin, il délivra le Corps; en Egypte il délivre l'Ame qui est le siège des émotions, des pulsions et des sensations fortes de l'homme. Et enfin, à la croix, l'Esprit fut délivré ; lorsqu'il dit : « **père entre tes main je remets mon esprit** ». Tant que votre esprit est encore géré par d'autres forces, vous n'êtes pas encore de retour dans le jardin ou dans le second Adam. Si vous êtes dans le second Adam, alors c'est Dieu qui gère votre vie et votre esprit pour parfaire son œuvre en vous, pour sa gloire.

Vous avez droit à la restauration de votre corps, de votre situation sociale et autres, car il avait déjà payé le prix pour que vous soyez en santé.

Souvent, le mot Grâce nous ramène à l'œuvre rédemptrice de Christ à la croix, sans savoir exactement sur quoi se fondait notre Salut. Aujourd'hui, vous pouvez être fier de savoir que Christ n'a pas donné sa vie en vain, mais pour rétablir l'Homme dans son plan originel ; celui de l'Amour de Dieu.

Chers lecteurs, si le Salut n'avait pour vous qu'une moindre importance, c'est le moment de vous reprendre, car le manque de considération de l'œuvre de Dieu pour notre rédemption, vous conduit ipso facto en enfer.

La grâce de Dieu est tridimensionnelle ; c'est à dire que se fonde sur trois éléments :

GRACE=PARDON+PROTECTION+RESTAURATION

POINTS DE PRIERE

Chers lecteurs, que cette partie de mon livre consacrée à la prière vous aide à comprendre et à retrouver votre position dans la foi, et la confiance en cet homme de Galilée qui donna sa vie pour nous rétablir dans le plan divin de Dieu.

Seigneur, pour l'amour que tu as de moi, un animal a été mis à mort dans le jardin, afin que je ne m'éloigne point de toi, et que l'unité avec toi soit maintenue. Je viens te dire merci et, je m'engage à préserver notre relation qui maintient ta présence dans ma vie.

Je reconnais avoir perdu la vie en Dieu par l'acte du péché pour lequel je méritais la mort. Mais par ton amour, ton sang fut versé pour que je sois mis à l'abri des dangers. Merci, car par cet acte, je ne suis plus un païen, tu m'as séparé du monde et de son système.

Enfin, tu as mené bataille avec le diable, et tu l'as livré publiquement en spectacle à la croix du calvaire ; en le clouant pour que ma victoire sur les forces du mal soit un acquis, et pour ma descendance, de génération en génération. Je dis encore merci pour tout ce bonheur que le ciel m'a accordé afin que je le réalise et le vive.

Que le Seigneur vous bénisse !

CONCLUSION

Très chers lecteurs, frères et sœurs dans la foi, je viens par ce livre vous montrer la valeur de ce que notre Seigneur Jésus-Christ a accompli au cours des âges, pour que l'identité de l'Homme déchu dans le jardin d'Eden soit retrouvée. Cette identité que plusieurs enfants de Dieu semblent ignorer tant ils ne lui accordent l'importance qui lui est due. Comment ne pas accorder de l'importance à sa vie, quand on sait le prix qu'elle a couté ? Vivre une véritable vie chrétienne, accompagnée de signes et de miracles, suppose avoir réalisé la portée du sacrifice de Jésus-Christ à la croix. Sans ce processus, il est difficile de manifester la vraie foi.

Il a donc fallu à Dieu, sage architecte, reconstituer pièce par pièce, tel un puzzle, l'identité de l'homme déchu, et dont la dernière fut celle de la croix. C'est ainsi, qu'il avait raison de dire : *« TOUT EST ACCOMPLI »*. Sacrifice accompli non seulement pour effacer le péché commis et introduit par Satan dans le jardin D'éden, mais aussi, accompli pour rétablit la faveur divine sur l'homme. Et enfin, accompli pour protéger ce même Homme, des ruses du diable et, lui permettre de demeurer dans le plan de Dieu. Aujourd'hui, nous avons libre accès aux promesses de Dieu par Jésus Christ. Le voile du temple ce jour là, à la croix s'était déchiré en deux morceaux pour nous introduire dans cet amour divin, resté inaccessible durant des siècles à cause du péché.

Ce fut alors le retour de l'homme dans le Jardin de Dieu. Je peux vous l'affirmer ; le jardin d'Eden est à la portée de tous ceux qui désirent y retourner. Dieu ne force personne à retrouver cette identité déchue. Mais, c'est le signe de son amour, pour le plan qu'il chérissait pour l'homme et que le diable est venu détruire. Vivez correctement et honnêtement votre Salut car cela en vaut la peine. Le sacrifice de Dieu pour l'humanité par Jésus Christ, a un prix inestimable ; c'est pour cela que tous ceux qui refusent jusqu'à ce jour de donner leur vie au Seigneur Jésus, sont d'office jugés et font partie des candidats potentiels pour l'Enfer.

Oui, je veux morebooks!

i want morebooks!

Buy your books fast and straightforward online - at one of world's fastest growing online book stores! Environmentally sound due to Print-on-Demand technologies.

Buy your books online at
www.get-morebooks.com

Achetez vos livres en ligne, vite et bien, sur l'une des librairies en ligne les plus performantes au monde!
En protégeant nos ressources et notre environnement grâce à l'impression à la demande.

La librairie en ligne pour acheter plus vite
www.morebooks.fr

VDM Verlagsservicegesellschaft mbH
Heinrich-Böcking-Str. 6-8
D - 66121 Saarbrücken

Telefon: +49 681 3720 174
Telefax: +49 681 3720 1749

info@vdm-vsg.de
www.vdm-vsg.de

www.ingramcontent.com/pod-product-compliance
Lightning Source LLC
Chambersburg PA
CBHW020811160426
43192CB00006B/526